Luis Eduardo de Souza

Autor do best-seller *O homem que falava com Espíritos*

FALANDO
com o ALÉM

Como se dá a comunicação com os Espíritos e como receber suas mensagens

São Paulo
2020

© 2020 by Universo dos Livros

Todos os direitos reservados e protegidos pela Lei 9.610 de 19/02/1998.
Nenhuma parte deste livro, sem autorização prévia por escrito da editora, poderá ser reproduzida ou transmitida sejam quais forem os meios empregados: eletrônicos, mecânicos, fotográficos, gravação ou quaisquer outros.

Diretor editorial: Luis Matos
Gerente editorial: Marcia Batista
Assistentes editoriais: Letícia Nakamura e Raquel F. Abranches
Preparação: Marina Constantino
Revisão: Tássia Carvalho
Arte: Valdinei Gomes
Capa: Vitor Martins

Dados Internacionais de Catalogação na Publicação (CIP)
Angélica Ilacqua CRB-8/7057

S714f
    Souza, Luis Eduardo de
    Falando com o além: como se dá a comunicação com os Espíritos e como receber suas mensagens/Luis Eduardo de Souza. – São Paulo: Universo dos Livros, 2020.
    64 p.

    ISBN 978-65-5609-019-1
    1. Espiritismo 2. Mediunidade 3. Espiritismo - História I. Título

20-4047   CDD 133.9

Universo dos Livros Editora Ltda.
Avenida Ordem e Progresso, 157 – 8º andar – Conj. 803
CEP 01141-030 – Barra Funda – São Paulo/SP
Telefone/Fax: (11) 3392-3336
www.universodoslivros.com.br
e-mail: editor@universodoslivros.com.br
Siga-nos no Twitter: @univdoslivros

INTRODUÇÃO

Quem nunca teve vontade de receber uma mensagem diretamente do além?

Seja à procura de consolar a dor da separação de um ente querido que desencarnou, seja para receber uma mensagem de estímulo ou um conselho, é natural, em determinados momentos, acreditarmos que não dispomos aqui, na matéria, de informações suficientes para resolver um problema e partirmos em busca de respostas na espiritualidade. Isso ocorre tanto com aqueles que acreditam na vida futura como também com pessoas que não têm essa convicção e que alegam simplesmente ter curiosidade.

Infelizmente, sabemos que hoje existe uma verdadeira indústria da adivinhação em que pessoas dizem receber comunicações de espíritos com previsões para o futuro e revelações sobre diferentes aspectos de nossa vida. Muitas vezes, motivados pela curiosidade, ambição ou desesperança, entregamo-nos à busca dessas comunicações, o que nos leva a ser facilmente enganados e a cair em diversas armadilhas.

No outro extremo, alguns de nós sentimos a aproximação de algo imaterial, e somos tomados por pensamentos sem origem aparente em nossa mente. Quando isso acontece, é comum procurar auxílio em casas espíritas com o objetivo de desenvolver ou bloquear a mediunidade.

Neste livro, o intuito é trazer respostas para as principais dúvidas acerca da mediunidade e das comunicações espirituais, de modo que o leitor esteja apto a entender seu funcionamento e não se torne vítima de pessoas que desejam se aproveitar de um momento de fragilidade a fim de transformar as comunicações espirituais em atividade comercial.

É possível receber mensagens de amigos ou parentes que já desencarnaram? Os espíritos mais evoluídos podem se comunicar diretamente conosco para compartilhar ensinamentos sobre a vida futura? Somente médiuns podem receber e transmitir mensagens dos espíritos? Como reconhecer a mediunidade? Espíritos inferiores podem se passar por nomes conhecidos que já desencarnaram para nos ludibriar? Um espírito pode ser evocado? Como é possível entrar em contato com espíritos desencarnados? Como se proteger contra o perigo da obsessão? Como se sintonizar com os espíritos bons e receber comunicações deles? Como saber se uma comunicação é verdadeira ou não?

Essas são algumas das perguntas às quais responderemos nas próximas páginas, tendo como referência os ensinamentos de Allan Kardec e Chico Xavier e com base em nossa própria vivência de 25 anos atuando como médium.

PARTE 1

MEDIUNIDADE E COMUNICAÇÃO ENTRE MUNDOS

# CAPÍTULO 1

COMUNICAÇÃO ENTRE OS MUNDOS

Aqueles que desencarnam passam a viver em outro plano astral e não conseguem se comunicar conosco de maneira direta, como faziam quando encarnados. Isso, porém, não significa que nenhum tipo de comunicação chegue até nós. Segundo Allan Kardec, os espíritos nos influenciam muito mais do que imaginamos. Mas como isso é possível, se um espírito não consegue se comunicar diretamente pela fala?

Para ilustrar, vou descrever a seguinte situação, que muitos de nós já vivemos durante a vida: pensamos fortemente em uma determinada pessoa por um momento e, no mesmo instante, ela nos liga, manda mensagem ou entra em contato de outro modo, provocando em nós a sensação de que a chamamos mentalmente. Se você nunca passou por isso, faça a experiência. Pense fortemente em alguém por alguns minutos e perceberá quanto essa mentalização pode chegar até a outra pessoa, desde que ela esteja na mesma vibração que você.

Mas o que significa exatamente estar na mesma vibração? Funciona de maneira parecida com o dial de estações de rádio em seu aparelho de som. Se você selecionar, por exemplo, uma estação que toca rock, não será surpreendido com um pagode. Da mesma maneira, se escolher uma rádio de notícias, não poderá escutar suas músicas favoritas. E isso se dá simplesmente porque você sintonizou uma determinada frequência. Assim, quando você pensar positivamente sobre uma pessoa, ela terá total condição de captar a vibração enviada e se sentirá bem se, naquele momento, ela estiver serena ou resignada sintonizando coisas boas. Por outro lado, se a pessoa estiver muito irritada e em desequilíbrio no momento da vibração, não conseguirá se sintonizar com a energia boa que lhe está sendo enviada. Do mesmo modo, se o mal é mentalizado para alguém que está em equilíbrio, a energia negativa não chegará até ela.

Esse processo direto de comunicação só é quebrado quando o destinatário do pensamento contar com proteção especial, o que normalmente ocorre quando a pessoa está em tratamento espiritual em uma casa espírita.

O exemplo dado nos ajuda a entender que a comunicação em forma de mentalização é possível e muito comum entre encarnados. E, como afirmou Kardec, é possível que ela se dê também entre encarnados e desencarnados, desde que estejam vibrando em frequências similares e se afinem momentaneamente por interesses em comum. Nesse caso, a matéria não será empecilho para que um possa influenciar o outro. Discutiremos mais sobre o assunto quando falarmos sobre a obsessão.

CAPÍTULO 2

OS MÉDIUNS

Qualquer pessoa, seja ela espírita ou não, já deve ter ouvido falar na figura do médium. Mas, afinal de contas, o que é a mediunidade? Para simplificar a compreensão, chamaremos a mediunidade de "sexto sentido".

Segundo Allan Kardec, esse sexto sentido permite a percepção da influência dos espíritos e pode ser desenvolvido por qualquer pessoa, já que a mediunidade é uma capacidade orgânica, originada na epífise, glândula situada na região centroposterior da área diencefálica do cérebro. A glândula epífise, ou glândula pineal, é a sede fisiológica de todos os fenômenos mediúnicos.

Assim, conclui-se que todas as pessoas têm a capacidade de perceber a influência dos espíritos, mas nem todas desenvolvem essa habilidade durante sua existência.

O sexto sentido, ou percepção extrassensorial, abrange uma enorme gama de fenômenos, como a telepatia e a vidência, e tem como objetivo estabelecer uma ponte entre o mundo físico e o mundo espiritual. Para isso, ele se apresenta por meio de fenômenos de efeitos intelectuais (psicografia, psicofonia, clarividência, clariaudiência etc.) ou efeitos físicos (batidas, movimento de objetos, materializações, fenômenos de voz direta etc.).

O espiritismo diz que a comunicação com os espíritos desencarnados é perfeitamente natural, uma vez que todos são espíritos, embora alguns estejam temporariamente encarnados. Essa comunicação se estabelece nos níveis mental e emocional dentro dos princípios da lei de sintonia, ou seja, encarnados e desencarnados se atraem ou se repelem por afinidade e interesses em comum.

Aquele que desenvolve a mediunidade é denominado médium. Geralmente, os médiuns têm uma aptidão especial para determinado tipo de fenômeno. Há tantas variedades quanto formas de manifestações. Os tipos mais comuns de médiuns são os de efeitos físicos, os sensitivos, os audientes, os psicofônicos, os videntes, os sonambúlicos, os curadores, os pneumatógrafos, os psicógrafos e os de sustentação:

- **Médiuns de efeitos físicos:** são aqueles aptos a produzir fenômenos materiais, como movimentar corpos inertes ou realizar ruídos. Podem ser classificados em médiuns facultativos – os que produzem os fenômenos espíritas por vontade própria e são totalmente conscientes do que estão fazendo – e médiuns involuntários – que não possuem consciência e nem mesmo desejo de produzir fenômenos.
- **Médiuns sensitivos:** são pessoas suscetíveis à presença dos espíritos a partir de uma impressão vaga e que podem reconhecer se o espírito é bom ou mau por meio de sensações provocadas, mais sutis ou mais pesadas.
- **Médiuns audientes:** são aqueles que ouvem a voz dos espíritos e podem conversar diretamente com eles.
- **Médiuns psicofônicos:** são os que transmitem as mensagens dos espíritos por meio da fala.

- **Médiuns videntes:** são dotados da faculdade de ver os espíritos. Entre os médiuns videntes, há os que só veem os evocados e os que veem toda a população de espíritos.
- **Médiuns sonambúlicos:** são médiuns cujo espírito, durante o sono, vê, ouve e percebe os demais espíritos.
- **Médiuns curadores:** são pessoas com o dom de curar pelo simples toque, pelo olhar ou mesmo por um gesto, sem utilizar qualquer medicação.
- **Médiuns pneumatógrafos:** detêm a capacidade de produzir a escrita direta, ou seja, formar frases e palavras em uma superfície à distância sem fazer uso de qualquer tipo de material. Um exemplo clássico, citado pelo espírito Emmanuel no livro *A caminho da Luz*, psicografado por Chico Xavier, é o recebimento dos Dez Mandamentos por Moisés, que teria se dado por escrita direta em uma pedra.
- **Médiuns psicógrafos:** são os que transmitem as comunicações dos espíritos por meio da escrita. Esses médiuns podem ser divididos em três categorias: mecânicos, semimecânicos e intuitivos. Os mecânicos não têm consciência do que escrevem e quase não há influência do pensamento do médium na comunicação. Os semimecânicos interferem parcialmente na comunicação. Já os intuitivos recebem a ideia do espírito comunicante e a interpretam, desenvolvendo-a com suas próprias capacidades morais e intelectuais.
- **Médiuns de sustentação:** exercem papel fundamental no processo mediúnico, dado que auxiliam no equilíbrio do ambiente para que os demais médiuns consigam receber as comunicações. Em certos trabalhos, quando os médiuns de sustentação se ausentam por algum motivo, todo o equilíbrio é perdido e os outros médiuns não conseguem realizar a tarefa de maneira eficaz.

CAPÍTULO 3

O DESENVOLVIMENTO DA MEDIUNIDADE

No capítulo anterior, vimos que a mediunidade é algo natural e que todos possuem, em menor ou maior grau, a capacidade de se comunicar com espíritos. Algumas pessoas a desenvolvem, enquanto outras, não.

Essa capacidade pode se manifestar em diferentes estágios de nossa vida. É bem comum, por exemplo, que crianças – que ainda estão dando os primeiros passos nesta encarnação e se adaptando à matéria – recebam mais influência do plano espiritual. Muitas vezes, as crianças relatam conversas com amigos imaginários, que nada mais são do que espíritos que estão ali para auxiliá-las no processo de adaptação à matéria.

Assim, relatos de crianças e jovens que veem espíritos são frequentes. Em geral, essas visões duram um período determinado e depois cessam por completo. Muitas vezes, anos depois, já adultas, essas mesmas pessoas começam a desenvolver a mediunidade e a atuar como médiuns. Por via de regra, não se recomenda que crianças atuem como médiuns. É preciso que elas se desenvolvam adequadamente até o momento em que se sintam preparadas para a missão da mediunidade, e antecipar esse processo pode trazer sérios riscos a uma personalidade ainda em formação.

Caso você esteja – ou conheça alguém que está – sentindo uma presença espiritual ou experimentando fenômenos estranhos, como ouvir barulhos ou vozes quando está sozinho, ter calafrios com frequência, entre outros, o primeiro passo é procurar orientação em um centro espírita. Em geral, é indicado participar de sessões de passe espiritual para reequilíbrio e também estudar a mediunidade para conhecer tudo sobre o fenômeno pelo qual se está passando. O estudo geralmente ocorre com os cursos das escolas de orientação e prática mediúnica mantidas pelos centros espíritas, nos quais a pessoa que procura atendimento aprende como funciona a mediunidade e, com livre-arbítrio, pode decidir se vai desenvolver a mediunidade ou se deseja apenas controlá-la. Nos últimos anos, a expressão "educar a mediunidade" vem sendo cada vez mais usada, sob a premissa de que a mediunidade não se desenvolve, e sim se educa.

No estudo da mediunidade são usados como referência materiais baseados em *O livro dos médiuns*, de Allan Kardec. No curso, após o fornecimento da base teórica, são desenvolvidas dinâmicas e exercícios para que o aluno consiga sentir a presença dos espíritos e estabelecer contato com eles.

Em geral, o método passa por algumas etapas, com o objetivo de desenvolver de modo gradativo a percepção até chegar à comunicação propriamente dita. Esse processo é conhecido como PACEM, e engloba as fases de:

Percepção;
Aproximação;
Contato;
Envolvimento;
Mediunidade.

Esse processo deve ser conduzido por um orientador mais experiente, que empregará técnicas de meditação e de relaxamento para promover a concentração do aluno em perceber o ambiente ao seu redor e, na sequência, perceber com clareza quando um espírito se aproxima. Assim, poderá estabelecer contato mental, deixando-se envolver até estar pronto para transmitir a comunicação.

Há médiuns que se tornam aptos a trazer comunicações dos espíritos rapidamente, enquanto outros demoram mais tempo. Aqui o tempo é relativo, e não há nenhuma cobrança de que o médium seja capaz de transmitir comunicações com agilidade. O fundamental é ganhar confiança aos poucos.

Durante o curso, o dirigente orientará um processo gradativo de autoconhecimento, no qual cada aluno poderá identificar seu tipo de mediunidade e desenvolvê-la de maneira segura a fim de obter êxito no trabalho a ser realizado. Muitos descobrirão que são médiuns de sustentação e que não têm predisposição para transmitir comunicações diretas dos espíritos.

Concluída a escola mediúnica, cuja duração pode variar de acordo com cada centro, o aluno pode ser convidado para atuar em um dos trabalhos da casa, e assim colocar a mediunidade em prática.

CAPÍTULO 4

ATITUDES DE UM MÉDIUM RESPONSÁVEL

"Com grandes poderes vêm grandes responsabilidades." A frase dita pelo Tio Ben, de *O Homem-Aranha*, pode ser emprestada para falar da missão do médium.

Com isso não se objetiva afirmar que os médiuns detêm algum poder superior, até porque, como vimos, a mediunidade é um fenômeno físico e relativamente comum, sendo que, em tese, todos têm a capacidade mediúnica, podendo desenvolvê-la ou não. É inegável, porém, a responsabilidade que um médium adquire no momento que começa a desenvolver a sua mediunidade, transmitindo comunicações capazes de fazer diferença na vida das pessoas que o procuram em busca de ouvir as mensagens dos espíritos.

Assim, é fundamental que o médium mantenha uma boa vibração para que possa sintonizar com espíritos que buscam fazer o bem e também para transmitir a mensagem da maneira mais límpida possível, sem interferir negativamente na comunicação.

Sabemos que é evidente, mas não custa lembrar que também deve ser mantido comportamento condizente com a atividade religiosa. Um médium envolvido em crimes, roubos, trapaças ou atos de violência obviamente não conseguirá auxiliar da maneira devida aqueles que o procuram.

> Pedimos licença para citar um caso notório com o objetivo de ilustrar que o fato de ser médium não necessariamente implica uma superioridade moral. A moralidade não está condicionada à atividade mediúnica. Quase todos já devem ter ouvido falar do famoso médium de cura João de Deus, que ganhou notoriedade não só pelo trabalho mediúnico desenvolvido, mas especialmente por sua constante presença nas páginas policiais, dada a extensa quantidade de crimes dos quais foi acusado por centenas de vítimas.
>
> O fato de ter praticado tais crimes não invalida a capacidade de João de Deus de receber espíritos que auxiliavam na cura de muitos que a ele recorriam. Por outro lado, os atos criminosos certamente prejudicaram vários dos trabalhos que realizou, sem contar o dano psicológico irreparável causado nas vítimas. A situação também manchou os trabalhos espirituais de cura como um todo e prejudicou o espiritismo, apesar do fato de João de Deus ter se declarado publicamente católico, e não espírita e seguidor da doutrina de Allan Kardec.
>
> Como veremos adiante, na parte 3 deste livro, as comunicações mediúnicas ocorrem todo o tempo e mediante seguidores de todas as religiões, sem se restringir aos praticantes do espiritismo.

O médium deve se preparar ao máximo para o trabalho que vai executar. Sabemos que é muito difícil manter a paz e a serenidade em todos os momentos, dado que vivemos em um planeta extremamente desafiador, com provas e expiações para aqueles que aqui encarnam como devedores da lei maior. Pelo menos no dia do trabalho, porém, o médium deve seguir algumas orientações. São elas:

- Ter uma boa noite de sono no dia anterior, evitando sair para bares e baladas, e não ingerir álcool ou outras drogas lícitas ou ilícitas.
- No dia do trabalho, evitar ou limitar a quantidade de comidas pesadas, como feijoada, por exemplo.
- Não se envolver em brigas ou discussões acaloradas, tentando ao máximo manter a mente serena e focada na tarefa a ser realizada.
- Evitar a maledicência, fofocas, inveja e outros sentimentos e atitudes que podem baixar a frequência de sua vibração.
- Não praticar atividades físicas intensas, pois o trabalho mediúnico por si só já costuma deixar o médium exausto em virtude da doação de ectoplasmas e energia durante o trabalho.
- Ao chegar ao centro, evitar conversas que prejudiquem o ambiente e começar a orar mentalmente, solicitando aos espíritos protetores que o amparem e o auxiliem.
- Usar roupas discretas para não causar nenhum tipo de estímulo visual às pessoas que serão atendidas.

Caso o médium não possa seguir essas orientações, o ideal é que não realize a prática, pois, além de não sintonizar com espíritos mais elevados, ainda pode prejudicar muito a vibração do trabalho. Caso o médium esteja doente ou não se sinta bem, deve avisar imediatamente ao dirigente do trabalho para que este o transfira para a assistência, local em que não tomará parte ativa no trabalho, retornando às atividades no próximo trabalho, quando se sentir bem.

> ### UM ALERTA MUITO IMPORTANTE
>
> Talvez este seja o alerta que eu mais gostaria de ter recebido quando iniciei a minha prática mediúnica, e por isso o destaco neste livro. Quando damos os primeiros passos na mediunidade, é muito natural recebermos uma série de estímulos por parte de espíritos inferiores, para que desistamos do trabalho.
>
> Dias de trabalho mediúnico, por exemplo, costumam ser bem perturbados desde cedo nessa fase. Não é incomum nos envolvermos em discussões e problemas. Nesses dias também é natural sermos submetidos a todo tipo de tentação para desistir do trabalho, como receber um convite inusitado para realizar atividades prazerosas. Isso acontece porque os espíritos em questão querem nos dissuadir de assumir uma tarefa que certamente ajudará em nossa evolução, e a Espiritualidade Maior permite que isso aconteça para testar nossas convicções.
>
> A boa notícia é que, se superamos essas tentações iniciais de desistir do trabalho com o qual nos comprometemos, esses espíritos percebem que não lograram êxito e acabam desistindo de nos atrapalhar. Viver para a prática mediúnica começa a ser mais fácil.

Apesar de exigir muita disciplina e foco, a prática mediúnica será sempre muito compensatória para aqueles que se colocam à disposição do trabalho.

Chico Xavier, um dos maiores médiuns de todos os tempos, narrou posteriormente a orientação que recebeu em um dos primeiros contatos que teve com seu guia espiritual Emmanuel, em 1931, e que pode servir de orientação para todos os médiuns.

Emmanuel transmitiu a Chico duas orientações básicas para o trabalho que deveria desempenhar, reforçando que, se não as seguisse, ele falharia em sua missão:

— Está você realmente disposto a trabalhar na mediunidade com Jesus?

— Sim, se os bons espíritos não me abandonarem... — respondeu o médium.

— Não será você desamparado — disse-lhe Emmanuel —, mas para isso é preciso que você trabalhe, estude e se esforce no bem.

— E o senhor acha que eu estou em condições de aceitar o compromisso? — tornou Chico.

— Perfeitamente, desde que você procure respeitar os três pontos básicos para o serviço.

Porque o protetor se calasse, o rapaz perguntou:

— Qual é o primeiro?

A resposta veio firme:

— Disciplina.

— E o segundo?

— Disciplina.

— E o terceiro?

— Disciplina.

A segunda orientação de Emmanuel para o médium foi descrita por Chico Xavier da seguinte maneira:

> Lembro-me de que, em um dos primeiros contatos comigo, ele me preveniu que pretendia trabalhar ao meu lado, por tempo longo, mas que eu deveria, acima de tudo, procurar os ensinamentos de Jesus e as lições de Allan Kardec, e disse mais, que, se um dia, ele, Emmanuel, algo me aconselhasse que não estivesse de acordo com as palavras de Jesus e de Kardec, que eu devia permanecer com Jesus e Kardec, procurando esquecê-lo.

CAPÍTULO 5

O ANIMISMO

A grande dúvida de dez em cada dez médiuns iniciantes é identificar se a comunicação vem dos espíritos ou se é algo interno. Mesmo sem querer ludibriar outras pessoas, a pessoa duvida se a mensagem não saiu de sua própria cabeça.

Essa dúvida é muito comum e natural, dado que o médium ainda não tem experiência suficiente para identificar e comparar as vibrações diferentes dos espíritos que se comunicam com as suas próprias vibrações.

É inclusive muito saudável que o médium tenha essa dúvida. De um ponto de vista pessoal, acreditamos que o ideal é que essa dúvida de algum modo persista sempre, pois a pior coisa que pode acontecer a um médium é desenvolver a presunção da inefabilidade. Esse é o caminho mais rápido para ser enganado por espíritos zombeteiros e, por tabela, ludibriar aqueles que recebem as suas mensagens. Assim, o bom médium deve sempre duvidar da própria mediunidade para manter-se vigilante todo o tempo.

Esse questionamento surge no médium iniciante ao ver, nas mensagens transmitidas, elementos, expressões e até palavras que usa costumeiramente no seu dia a dia. Longe de ser uma prova do engodo, isso é algo extremamente natural.

Pense no exemplo do tradutor que adapta a frase expressa do idioma original para o idioma desejado: a tradução nunca é literal. Da mesma maneira, o médium escolhe as palavras a serem utilizadas, com base no seu repertório intelectual, para transmitir da melhor maneira aquilo que o espírito deseja expressar. Assim, quanto mais conhecimento o médium tiver, mais facilidade terá em transmitir a mensagem. Chico Xavier, por exemplo, apesar de não ter feito curso superior, sempre foi autodidata e um grande leitor. Os livros que lia lhe davam repertório para transmitir da melhor maneira possível as mensagens recebidas.

Um ponto que causa confusão é o fato de alguns dirigentes espíritas usarem a palavra "animismo" para expressar quando um médium está falando algo por si mesmo, e não pelo espírito. Animismo é, na verdade, um fenômeno muito raro, que ocorre quando o médium consegue acessar diretamente em sua mente conhecimentos obtidos a partir de experiências de outras vidas. Considerando que, ao reencarnar, nos é dada a bênção do esquecimento para que possamos ter uma nova oportunidade na matéria, é muito raro obter permissão para acessar lembranças de outras vidas.

Por isso, o médium não deve se preocupar se der uma comunicação anímica, principalmente se a mensagem contemplar um conteúdo elevado e for originada a partir de conhecimento próprio, seja desta ou de outra vida. Não há nenhum mal nisso, sendo, pelo contrário, um fato revelador do conhecimento e da elevação do próprio médium. É fundamental nunca se esquecer de que a questão determinante aqui é o conteúdo e o propósito da mensagem.

CAPÍTULO 6

NÃO CONFIE EM QUEM COBRA

"Recebestes de graça, de graça dai!" (Mateus 10:8). Esse ensinamento de Jesus Cristo foi usado por Allan Kardec para expressar que a mediunidade é um dom dado por Deus e que, portanto, não se deve cobrar pelas mensagens ou pelo atendimento.

Um médium que resolve cobrar pelas mensagens está mercantilizando a fé e, por isso, deixa de contar com o apoio e o amparo dos espíritos superiores no trabalho. Nesse cenário, como a mediunidade se torna seu ganha-pão, a tendência é que o médium comece a inventar mensagens para agradar a seus "clientes" ou somente seja capaz de transmitir mensagens de espíritos inferiores, que se divertem ao se passarem por espíritos elevados, ludibriando as pessoas.

Em casos extremos, a capacidade mediúnica pode ser retirada do médium, como relata Allan Kardec em *O livro dos médiuns*.

Apesar de não estar condicionada à capacidade de realizar a comunicação, a evolução moral de um médium é fundamental para a qualidade das mensagens, dado que será possível se sintonizar a espíritos mais elevados.

Desconfie sempre de quem cobra direta ou indiretamente por comunicações ou por atendimento espiritual, pois o trabalho do médium deve ser baseado na caridade desinteressada.

Chico Xavier, o maior médium da História, sempre fez questão de doar tudo o que recebia com a venda de seus livros psicografados e nunca cobrou por nenhuma mensagem recebida, afirmando que a obra não era sua e que ele era um simples intermediário dos espíritos.

CAPÍTULO 7

MEDIUNIDADE DE INCORPORAÇÃO

Acreditamos que, a fim de prover uma visão clara do que é mediunidade, é necessário falar brevemente sobre a umbanda, religião conhecida ou até mesmo já praticada por muitos espíritas, o que não é surpreendente, devido ao seu sincretismo com o espiritismo e também com outras religiões.

A umbanda, inclusive, surgiu em 15 de novembro de 1908 por meio de uma comunicação dada pelo médium Zélio Ferdinando de Moraes (1891–1975) na Federação Espírita de Niterói. Não nos estenderemos na explicação sobre as origens da umbanda, pois não se trata do objetivo desta obra, mas é fundamental contextualizá-la para falar sobre os médiuns que atuam nos terreiros umbandistas de todo o Brasil.

Quando um médium inicia os estudos da mediunidade em um centro espírita, ele aprende que, segundo *O livro dos médiuns*, publicado por Allan Kardec em 1861, o médium deve manter uma postura serena e evitar qualquer tipo de gestos bruscos, se possível mantendo as mãos paradas enquanto expressa a comunicação em tom condizente com o trabalho, permanecendo durante todo o tempo sentado ou em pé, sem se movimentar em excesso.

Para quem nunca foi a um centro umbandista, descreveremos o que normalmente se vê durante os trabalhos. À diferença do que ocorre no espiritismo, na umbanda os médiuns falam normalmente mais alto, gesticulam muito e dançam ao som dos pontos cantados às entidades. Por isso, é um ambiente que contrasta radicalmente com o que encontramos no espiritismo.

Neste momento, cabe destacar que não existe certo ou errado. Os critérios são relativos ao local, à religião, aos costumes e à sociedade. O comportamento dos médiuns umbandistas está correto de acordo com os costumes e as orientações umbandistas, e não é melhor ou pior do que a abordagem considerada adequada para um centro espírita.

O que gostaríamos de destacar aqui é como se processa o controle que o espírito, ou entidade (como os espíritos são chamados na umbanda), detém sobre o corpo do médium. Para quem observa, parece de fato que o espírito tomou o corpo do médium, dividindo o espaço interno com o espírito que lá habitava ou até o expulsando temporariamente do corpo.

O que ocorre, porém, é muito diferente dessa interpretação: o médium cede ao estímulo para dançar ou se movimentar, representando os desejos das entidades ali presentes e que estão habituadas a tais movimentos. A ligação que ocorre é apenas mental, da mesma maneira que a comunicação que se dá em um centro espírita ou em qualquer outro lugar.

Como base nisso, você pode estar se perguntando se seria possível ao médium umbandista controlar a comunicação,

evitando dançar e se movimentar durante os pontos tocados.
A resposta não é tão simples e, por isso, daremos um exemplo:

Imagine-se no meio da multidão no carnaval de Salvador. Você conseguiria ficar ali parado, sem se mexer? É provável que a resposta seja negativa, pois é quase impossível não ser arrastado pela multidão e pelo som contagiante.

É isso o que acontece com um médium na umbanda, que tem o estímulo sonoro dos pontos cantados, o estímulo visual de outros médiuns se movendo, das cores menos sóbrias e, o mais importante, o estímulo de entidades acostumadas com esses movimentos. Nesse contexto, é natural que o médium se sinta impelido a se movimentar e tenha dificuldade em se manter parado, assim como é difícil tentar ficar parado atrás de um trio elétrico.

Vale deixar muito claro que o objetivo do exemplo foi somente didático e nunca o de colocar o médium umbandista em uma posição diferente daquela desempenhada pelo médium espírita. Não há qualquer hierarquia de grau de evolução entre médiuns de diferentes religiões, e os rituais ou preceitos de todas as religiões devem ser respeitados. O que é importante deixar claro é que não há como um espírito tomar o corpo de um médium ou de qualquer outro encarnado. A sintonia e o controle ocorrem em um nível mental, com o espírito se ligando à vibração do médium, independentemente da religião praticada.

CAPÍTULO 8

PERIGOS A SEREM EVITADOS

Um dos maiores perigos na relação entre encarnados e desencarnados é a obsessão. Em linhas gerais, ela pode ser definida como um processo em que um espírito envolve outro (que pode estar encarnado ou não), de maneira a influenciar seus pensamentos e ações e, gradativamente, transformá-lo em uma marionete para satisfazer todas as suas vontades.

Pessoas em processo obsessivo podem ser atendidas em centros espíritas que possuem trabalhos de desobsessão. Nesses trabalhos, os médiuns recebem os espíritos que estão obsidiando os encarnados ali presentes, a fim de esclarecer os espíritos sobre a necessidade de se afastarem.

É bastante raro, mas o processo obsessivo pode começar, em certas ocasiões, por uma simpatia entre o espírito e o encarnado, que estão na mesma frequência. Em geral, os espíritos que realizam a obsessão buscam se vingar do encarnado por algo que viveram juntos em outras vidas, e, para isso, aproximam-se dele, incutindo lentamente pensamentos que o encarnado começa a tomar como seus.

Pouco a pouco, o espírito vai ganhando controle sobre o encarnado até o momento em que o processo de obsessão já está avançado e o encarnado se torna vítima completa do espírito, que pode, inclusive, chegar a induzir o encarnado a cometer suicídio.

Em *O livro dos médiuns*, Allan Kardec esclarece que existem três graus de obsessão. O primeiro deles é a *obsessão simples*, que ocorre quando o espírito se aproxima do encarnado e diariamente passa a lhe incutir pensamentos, que começam a se misturar aos seus. A vítima lentamente passa a ouvir tudo o que o espírito lhe pede para fazer.

A situação pode evoluir para o grau de *fascinação*. Nele, o encarnado começa a idolatrar o espírito, seguindo à risca tudo o que ele lhe induz, e entra em sintonia total com ele, ludibriado por uma espécie de ilusão produzida pela ação direta do espírito.

O terceiro grau, a *subjugação*, é o mais perigoso. Nele, o encarnado já perdeu todo o controle e passa a ser comandado pelo espírito, que induz tudo o que ele deve dizer ou as ações que deve praticar. Trata-se, portanto, de uma opressão que paralisa a expressão da vontade daquele que a sofre. O tratamento é muito difícil nesse estágio, pois o encarnado já está profundamente envolvido e por isso não se dispõe a receber ajuda, acreditando não necessitar dela.

A subjugação pode ser moral, na qual a pessoa é levada a tomar decisões absurdas e comprometedoras, ou corporal, caso em que o espírito age diretamente sobre o corpo, provocando movimentos involuntários e levando o encarnado a praticar atos considerados ridículos. Muitas vezes, as pessoas acabam internadas em hospitais psiquiátricos. O indivíduo, porém, pode receber auxílio frequentando trabalhos de desobsessão. É importante que amigos e parentes tentem convencê-lo da necessidade de tratamento.

Até aqui, falamos da obsessão que ocorre do espírito desencarnado para o encarnado, o tipo mais comum, que, como dissemos, é muitas vezes motivado pelo desejo de vingança do espírito obsessor. Entretanto, a obsessão pode se dar também de encarnado para espírito, e até de encarnado para encarnado.

O segundo caso acontece quando o encarnado não para de pensar em alguém que desencarnou. Esse processo normalmente acontece pela ação de familiares ou amigos que estão sofrendo e não param de chamar pelo morto. Esse comportamento acaba prejudicando o espírito desencarnado no outro lado, pois receber esses pensamentos pode agravar seu estado de desequilíbrio.

Por fim, também há a obsessão de encarnado para encarnado, em que um indivíduo começa, pouco a pouco, a influenciar outro, influência essa que pode evoluir até o controle total.

A ação dos espíritos se dá somente quando eles se sintonizam com o encarnado; para isso, é necessário que ele esteja na mesma faixa de vibração. A obsessão existe para que os encarnados e os espíritos possam ter sua evolução testada e, principalmente, como um mecanismo para a lei de ação e reação, em que tudo o que é feito em determinado momento gerará consequências positivas ou negativas de acordo com o ato. A obsessão permite que se façam ajustes sempre que necessário, tendo, portanto, função de reajuste e resgate.

A única maneira de evitar a obsessão é manter o pensamento firme, focado no bem, e fazer orações para se conectar com Deus toda vez que sentir um certo desequilíbrio.

Para o médium, o perigo da obsessão é real e exige completa atenção. Isso se deve ao fato de, por lidar com os dois mundos, tornar-se muito mais fácil o envolvimento com algum espírito que deseje prejudicá-lo ou simplesmente enganá-lo.

A fim de reduzir a possibilidade de ser obsidiado, o médium deve manter o equilíbrio em seus pensamentos durante todo o tempo possível e buscar instrução constante. O estudo da extensa bibliografia espírita lhe possibilitará compreender como se dá a relação de um plano com o outro e guardar maior atenção quando sentir a aproximação de um espírito que deseja lhe fazer mal.

Além disso, recomenda-se manter sempre a humildade, pois aquele que é arrogante, que se acha melhor do que os demais, torna-se bem mais suscetível a todo tipo de influência. Afinal, basta receber um elogio para que seja seduzido pelo espírito enganador. No outro extremo, qualquer crítica pode lhe causar revolta e então abrir mais espaço para que ouça somente aqueles que o elogiam com o intuito de ludibriá-lo.

Ao perceber sinais claros de obsessão, como revolta, pensamentos contraditórios e maldosos, disposição excessivamente crítica ao trabalho realizado e às pessoas que dele participam, o médium deve procurar orientação e auxílio espiritual junto aos dirigentes da casa, podendo, assim, participar do trabalho de desobsessão.

PARTE 2

MENSAGENS ESPIRITUAIS

CAPÍTULO 9

COMUNICAÇÃO DE PARENTES

O desencarne de uma pessoa próxima é uma das maiores dores que podemos sentir. O período de luto é inevitável, mesmo quando se tem convicção da continuidade da vida, e pode durar pouco tempo ou se estender por toda a nossa existência.

Para dirimir essa tristeza, é muito comum que as pessoas, adeptas do espiritismo ou não, busquem médiuns psicógrafos que trazem mensagens de entes desencarnados do além.

Chico Xavier sempre afirmava que era possível receber mensagens, mas ressaltava que "o telefone toca de lá para cá", ou seja, são os espíritos que recebem autorização e decidem se é proveitoso se comunicar naquele momento ou não. Assim, não é só porque o parente quer receber uma mensagem por meio de um médium psicógrafo que a comunicação de fato ocorrerá.

Para que ela aconteça, além de o espírito precisar estar em condição, receber a autorização e querer se comunicar, também é necessário que exista ganho real para a evolução do ente próximo que recebe a mensagem. Além disso, é claro, o médium presente deve estar completamente sintonizado com o plano espiritual a fim de receber a comunicação sem grandes interferências.

Infelizmente, existem pessoas que se aproveitam do desespero e da boa-fé das pessoas para ludibriá-las em troca de fama ou de ganhos financeiros. Como já explicamos, a mediunidade tem que ser exercida de maneira gratuita, ou seja, não é permitido aos médiuns cobrar pelo seu trabalho, seja diretamente, por intermédio de troca financeira, seja indiretamente, por meio de favores ou agrados.

Outra questão muito importante é o tempo de desencarne. Alguns médiuns afirmam receber comunicações de espíritos que desencarnaram apenas algumas horas antes. Não é que isso não seja possível. Há, inclusive, relatos de episódios assim feitos diretamente por Allan Kardec na revista espírita editada por ele entre 1858 e 1869. No entanto, é fundamental ter em mente que os relatos de Kardec dizem respeito a mensagens de espíritos que tinham o propósito claro de reafirmar a convicção da continuidade da vida após o desencarne, ou seja, havia uma razão para que a Espiritualidade Maior permitisse tais comunicações. Além disso, são mensagens de pessoas que já estavam ligadas diretamente aos trabalhos de Kardec quando encarnadas, tendo plena ciência e convicção da vida espiritual.

Por isso, receber comunicações de pessoas que desencarnaram há pouco tempo não é nada comum, pois o espírito ou precisa de certo tempo até que se adapte à nova vida na espiritualidade, ou ainda está muito ligado à matéria e não recebe autorização nem tem condição de se comunicar. Algumas vezes, o espírito permanece dessa maneira, sem ter condição de se comunicar, até muito depois do desencarne.

Algo raro, porém possível, é o espírito reencarnar rapidamente, sem passar longo período no plano espiritual. Nesse caso, ele pode se comunicar somente no estado de sono, no qual o espírito se desprende enquanto o corpo físico está em repouso. Essa situação traz uma dificuldade adicional à comunicação e só é permitida se for benéfica para o ente que deseja a comunicação, e também para o espírito, que já tem de lidar com todos os desafios da nova encarnação.

Infelizmente, muitos encarnados sentem tanto a separação de seus entes queridos a ponto de achar que são os médiuns que não querem transmitir as mensagens. Chico Xavier relatou casos em que foi agredido verbal e fisicamente por não trazer a mensagem que determinados parentes buscavam em seus trabalhos.

Essa situação de desespero por parte de quem deseja muito receber uma mensagem propicia a ação de aproveitadores que querem extorquir dinheiro ou receber outros benefícios se fingindo de médiuns e ludibriando as pessoas com mensagens falsas do além.

Para não ser enganado, é preciso buscar na mensagem algumas características que Allan Kardec descreve em *O livro dos médiuns*, e que discutiremos no capítulo a seguir.

CAPÍTULO 10

IDENTIFICAÇÃO DOS ESPÍRITOS

Ao receber qualquer mensagem atribuída a um espírito, é preciso ter muita cautela e analisá-la antes de acreditar cegamente em seu conteúdo. Esse cuidado é ainda mais necessário quando buscamos receber mensagens de parentes e amigos desencarnados, pois, muitas vezes, o desejo de se comunicar é tão grande que acreditamos em qualquer conteúdo atributo ao espírito.

Em alguns centros espíritas, o médium, ou o atendente, tem uma conversa prévia com os assistentes que querem receber mensagens. Caso frequente uma casa com esse costume – que certamente não é o mais correto –, não forneça informações que possam influenciar diretamente na comunicação. De preferência, procure médiuns que não tenham conhecido o desencarnado em vida e que também não tenham uma relação próxima com você, a ponto de saber informações prévias capazes de induzir o teor da comunicação. Esses cuidados são muito importantes para garantir a possibilidade de reconhecer a autenticidade da mensagem por elementos que só o desencarnado poderia transmitir.

Ser chamado na mensagem por um apelido que só o desencarnado conhecia ou se ele narrar uma história que ninguém mais poderia saber são sinais de grande importância para poder reconhecer e autenticar a mensagem.

Não é comum, mas alguns médiuns conseguem inclusive reproduzir a caligrafia ou a assinatura do desencarnado, o que poderá ajudar a garantir que se trata de uma mensagem transmitida pelo espírito. Chico Xavier era um desses médiuns. Suas psicografias foram, em diversas oportunidades, objeto de estudo por parte de especialistas que queriam comprovar sua autenticidade. Um estudo feito pela Associação Médico-Espírita de São Paulo em torno das comunicações de Chico Xavier apresentou os seguintes resultados ao submeter as assinaturas dos "mortos" a um exame grafotécnico:

- 52,5% das assinaturas eram idênticas;
- 22,5% das assinaturas eram semelhantes; e
- 25% das assinaturas eram diferentes.

Em 95% dos casos, Chico Xavier não conhecia previamente o espírito comunicante. Outro dado interessante é que a família reconheceu o estilo do espírito enquanto encarnado em todos os casos.

O mais importante, porém, é analisar com calma o conteúdo da mensagem para verificar se a mensagem passada é positiva e condiz com a personalidade do desencarnado.

Isso vale não só para mensagens de entes queridos, mas também para mensagens de conteúdo educativo assinadas por nomes conhecidos por todos, como Jesus, Paulo de Tarso, Sócrates, Allan Kardec, Chico Xavier, entre outros tantos que poderíamos citar.

Allan Kardec dedica um longo trecho em *O livro dos médiuns* para esmiuçar o tema, afirmando que espíritos mais evoluídos não têm necessidade de assinar a mensagem, omitindo-a em boa parte das vezes para evitar que o conteúdo da mensagem fique em segundo plano.

Além disso, Kardec indica sempre analisar com cuidado o conteúdo da mensagem para comprovar se aquele conteúdo realmente poderia ter sido escrito por um espírito iluminado ou mesmo se as características da mensagem fazem jus àquilo que o espírito falaria ou escreveria em vida.

Espíritos mais evoluídos, como afirma Kardec, podem transmitir comunicações a diferentes médiuns ao mesmo tempo, pois são capazes de irradiar pensamentos em várias direções simultaneamente. Isso é impossível para espíritos ainda em condição de pouca evolução moral.

Assim, entendemos que o mais importante de tudo é o conteúdo da mensagem, pois, como já explicamos, a Espiritualidade Maior só permite comunicações caso possam trazer algum consolo para quem as recebe. Para isso, é fundamental que o médium tome cuidado com frases de efeito e textos com palavras bonitas e sonoras, mas que não oferecem nenhum conteúdo se submetidos a uma interpretação mais detalhada.

Mesmo quando a comunicação entre os planos de fato ocorre, é preciso muita prudência na análise da mensagem, em especial no caso de trabalhos raros de evocação, nos quais todos os presentes vibram diretamente para que determinado espírito se comunique. Esse tipo de trabalho vem se tornando cada vez mais raro por causa da dificuldade de o espírito desencarnado atender ao chamado no momento específico, o que pode abrir espaço para que outro espírito se passe por ele a fim de ludibriar todos os presentes.

    Um último ponto a se destacar é o das mensagens de espíritos sofredores, que devem ser recebidas somente em trabalhos específicos para esse tipo de comunicação, como sessões de desobsessão. O objetivo de tais sessões é retirar a influência negativa que os referidos espíritos estão exercendo em encarnados e, ao mesmo tempo, ampará-los e os ajudar na continuidade de sua jornada sem que atrapalhem os outros.

PARTE 3

A MEDIUNIDADE ATRAVÉS DOS TEMPOS

CAPÍTULO 11

AS IRMÃS FOX

Em 1837, nasce nos Estados Unidos a jovem Katherine Fox, que viveria até 1892 e seria considerada uma das maiores médiuns de efeitos físicos da História. Sua irmã Margaret Fox, nascida em 1833, batizada em homenagem à mãe, morreu um ano depois de Katherine. Juntas, elas ficaram mundialmente conhecidas como "as irmãs Fox", influenciando diretamente a propagação dos fenômenos espirituais no mundo todo.

O início de tudo se deu em 1848, quando Kate e Maggie, como eram conhecidas, mudaram-se com seus pais, John e Margaret, para uma nova casa na pequena cidade de Hydesville, Nova York, e passaram a ouvir diariamente ruídos de batidas nas paredes e portas.

Esses barulhos assustaram muito os novos moradores, que, em vão, passaram a procurar a origem das pancadas que ouviam. Sem sucesso na busca, concluíram que a casa estava "mal-assombrada".

Certo dia, porém, mais precisamente em 31 de março de 1848, as meninas resolveram imitar os barulhos que ouviam estalando os dedos. Imbuída por um impulso adolescente, Kate, a mais nova delas, começou a pedir para quem estivesse fazendo aqueles barulhos que imitasse o barulho que ela fazia com os dedos. A surpresa foi grande quando as meninas e os pais perceberam que as batidas seguiam exatamente o som produzido por Kate.

Entusiasmada com o que estava acontecendo, sua irmã Margaret começou a bater palmas e pediu que contassem até quatro. O pedido foi seguido de quatro batidas.

Em um primeiro momento, os moradores acharam que se tratava de alguém escondido que desejava pregar uma peça, mas, mesmo assim, continuaram com a "brincadeira". A mãe das meninas começou a fazer perguntas que poderiam desmascarar alguém que estivesse escondido e certamente não saberia as respostas.

Ela começou perguntando a idade de cada uma das suas filhas, incluindo a de uma criança que havia morrido anos antes. As batidas que ouviu reproduziram exatamente a quantidade de toques correspondente à idade de cada filha. Então, resolveu questionar se era um humano ou um espírito que ali estava, convencionando uma batida para um humano e duas batidas para um espírito. A pergunta foi seguida pelo som de duas batidas.

Completamente envolvidos pela situação, os habitantes da casa perguntaram se o espírito que ali estava havia sido assassinado, convencionando-se novamente uma batida para não e duas para sim. Ouviram-se duas batidas.

Imbuída de espírito investigativo, a mãe das meninas questionou se o assassino ainda vivia, e ouviu as mesmas duas batidas.

O interrogatório levou a família a descobrir, entre outras coisas, que o espírito havia sido assassinado naquela casa, deixando esposa e cinco filhos, e que seu corpo estava enterrado na adega.

De posse de tais informações, ela questionou se poderia convidar os vizinhos a participar da conversa, para que pudessem presenciar o que estava acontecendo na casa. A resposta foi afirmativa. Na presença dos vizinhos, obtiveram novas informações sobre o caso, chegando-se à data do acontecimento e ao relato de que o homem fora assassinado com facadas no pescoço por causa de uma dívida de quinhentos dólares. Na noite seguinte, seu corpo foi enterrado na adega do porão.

Em uma pequena cidade como Hydesville, não é de se estranhar que o fenômeno tenha se espalhado e atraído a curiosidade de todos, fazendo com que as sessões de interrogatório fossem acompanhadas por até trezentas pessoas em certo momento. A cada sessão, o método de investigação ia sendo aprimorado e logo foi criado um código para as respostas, em que cada pancada corresponderia a uma letra específica. Assim, não foi difícil identificar o caixeiro-viajante Charles B. Rosma como o espírito assassinado aos 31 anos por conta da dívida.

Seguindo o relato do espírito, no verão de 1848, após uma série de escavações na adega, David Fox, irmão das meninas, encontrou ossos e cabelos que pertenciam a um esqueleto humano.

Porém, somente 56 anos depois houve uma descoberta que comprovou definitivamente que alguém fora enterrado no porão da casa da família Fox. O encontro da prova foi narrado na edição de 23 de novembro de 1904 do *The Boston Journal*, um jornal sem nenhuma ligação com o espiritismo ou com correntes espiritualistas, que estampou em suas páginas a seguinte notícia:

Rochester, Nova York, 22 de novembro de 1904. Foi encontrado, nas paredes da casa antes ocupada pelas irmãs Fox, o esqueleto do homem provavelmente causador das batidas que elas ouviram inicialmente em 1848, afastando, de vez, a única sombra de dúvida de sua sinceridade em relação à descoberta da comunicação dos espíritos. As irmãs declararam haver aprendido a se comunicar com o Espírito de um homem que dizia ter sido enterrado no porão da casa. Repetidas escavações, buscando localizar o corpo e, assim, dar prova positiva de suas narrativas, fracassaram. A descoberta foi feita por crianças da escola, brincando no porão do edifício conhecido como "a casa assombrada", em Hydesville, onde as irmãs Fox ouviram as batidas. William Hyde, conceituado cidadão de Clyde, proprietário da casa, procedeu à investigação, encontrando, entre a terra e os escombros das paredes do porão, um esqueleto humano quase completo. Era indubitavelmente o do mascate andarilho, que, como se afirmou, havia sido assassinado no aposento leste da casa, e cujo corpo fora escondido no porão. O senhor Hyde avisou aos parentes das irmãs Fox, e a notícia da descoberta foi enviada à Ordem Nacional dos Espiritualistas. Muitos de seus membros recordam-se de terem feito peregrinações à casa mal-assombrada. A descoberta dos ossos é a confirmação prática da declaração, sob juramento, de Margaret Fox, feita em 11 de abril de 1848.

Pouco tempo depois das comunicações recebidas na casa, as garotas foram afastadas uma da outra. Margaret foi morar com o irmão, David, e Kate, com a irmã Leah, imaginando-se que, separadas, elas não mais protagonizariam fenômenos. Porém, os sons se repetiram nas casas de David e de Leah, sendo que a segunda passou também a manifestar fenômenos mediúnicos.

Pelos anos seguintes, as irmãs viajaram pela região oeste dos Estados Unidos e também por Nova York, realizando sessões de fenômenos físicos em que não se produziam somente sons de batidas, mas nas quais havia aparição de luzes, manifestação de diferentes formas materializadas e escrita direta sobre objetos, entre outros. Suas apresentações despertavam a curiosidade de milhares de pessoas, tanto entusiastas como críticos, que tentavam a todo momento desmascará-las, sem, no entanto, obterem sucesso, dado que todos os testes para comprovação de fraude falharam.

Toda a atenção colocada sobre as irmãs desde sua infância, porém, teve consequências sobre a vida pessoal, que foi muito atribulada e marcada por escândalos, incluindo desentendimentos em família. A irmã mais velha da dupla as acusou de alcoolismo, fazendo com que Kate perdesse a guarda dos filhos.

Em resposta, as irmãs acusaram a mais velha de manipular os fenômenos espirituais. Não bastasse isso, ainda aceitaram 1500 dólares de um jornalista para confessar que inventaram os fenômenos.

Um ano após a confissão, as irmãs voltaram atrás em entrevista ao *The New York Herald*, dizendo que mentiram sobre a irmã mais velha e sobre a pretensa fraude nos fenômenos porque receberam em troca a soma em dinheiro, que as ajudou em um momento de grande necessidade financeira.

Mesmo com esse e outros escândalos de que foram protagonistas, o legado deixado pelo trabalho das irmãs Fox marcaria para sempre a história dos fenômenos espirituais. Elas representam o ponto de partida para milhares de fenômenos físicos que se desencadearam pelos Estados Unidos e se estenderiam por toda a Europa, onde Allan Kardec se converteu em um observador especial, dando-lhes um novo e profundo significado.

CAPÍTULO 12

AS MESAS GIRANTES

Em meados do século XIX, era moda na Europa, especialmente na França, uma "brincadeira" que havia surgido nos Estados Unidos alguns anos antes. Em grandes salões, nobres e intelectuais se reuniam em volta de mesas e assistiam ao seu movimento sem que nenhuma força motora fosse feita, o que causava espanto e, ao mesmo tempo, grande entretenimento para as plateias – cada vez maiores nesses cada vez mais frequentes eventos sociais.

Nessas sessões, que duravam horas, os participantes formavam uma corrente ao juntar os dedos e faziam perguntas das mais diversas, quase sempre bastante fúteis, e as mesas respondiam com batidas e movimentos, de maneira similar às pancadas escutadas pelas irmãs Fox em Hydesville, pouco tempo antes.

Não demorou muito para essa novidade chegar ao conhecimento do curioso professor lionês **Hippolyte Léon Denizard Rivail**, que anos depois ficaria mundialmente conhecido como Allan Kardec. Ele ouviu falar mais detalhadamente sobre as mesas girantes em 1854, em uma das sessões de estudo sobre magnetismo que frequentava há anos em companhia do amigo Fortier, que assim se exprimiu sobre o fenômeno:

"Eis aqui uma coisa que é bem mais extraordinária: não somente se faz girar uma mesa, magnetizando-a, mas também se pode fazê-la falar. Interroga-se, e ela responde."

Ao ouvir essas palavras, o professor Rivail ficou ainda mais curioso, pois supunha que o fenômeno fosse simplesmente a consequência da ação do fluido magnético, um tipo de eletricidade que faz os corpos inertes se movimentarem. "Mas daí a responder perguntas de maneira inteligente seria um longo caminho", ele pensou. Conforme refletido pelo professor Rivail:

"Isso é outra questão; eu acreditarei quando vir e quando me tiverem provado que uma mesa tem cérebro para pensar, nervos para sentir, e que se pode tornar sonâmbula. Até lá, permita-me que não veja nisso senão uma fábula para provocar o sono."

Este era e sempre foi o seu estado de espírito. Queria ver para crer, nada negava, mas também não acreditava sem que lhe fossem apresentadas provas cabais. A convite do amigo, o educador começa a assistir a sessões de mesas girantes e, logo no início, surpreende-se sobremaneira com o que estava acontecendo. Sua visão de pesquisador e cientista adepto da corrente da fenomenologia o fez deixar de lado o efeito produzido, que era a movimentação das mesas, para se concentrar na causa daquilo, partindo da premissa de que era um efeito coordenado, um efeito que demandava inteligência de quem o gerava e que todo efeito inteligente tem necessariamente uma causa. Assim, ele decidiu focar suas pesquisas na causa do efeito.

Essas observâncias, porém, fazem-no encontrar algo que nem remotamente poderia imaginar. Nessa época de sua vida, de 1854 a 1856, um novo horizonte se apresenta, e o nome Hippolyte Léon Denizard Rivail sai de cena para ceder lugar ao de Allan Kardec, cuja fama chegou aos quatro cantos do mundo. Ele revelou da seguinte maneira suas impressões:

> Eu me encontrava, pois, no ciclo de um fato inexplicado, contrário, na aparência, às leis da Natureza e que minha razão repelia. Nada tinha ainda visto nem observado; as experiências feitas em presença de pessoas honradas e dignas de fé me firmavam na possibilidade do efeito puramente material; mas a ideia de uma mesa falante não me entrava ainda no cérebro. [...] Foi aí, pela primeira vez, que testemunhei o fenômeno das mesas girantes que saltavam e corriam, e isso em condições tais que a dúvida não era possível. Aí vi também alguns ensaios muito imperfeitos de escrita mediúnica com o auxílio de uma cesta. Minhas ideias estavam longe de se haver modificado, mas naquilo havia um fato que devia ter uma causa. Entrevi, sob essas aparentes futilidades e espécie de divertimento, que ali se fazia alguma coisa séria e que estava presenciando a revelação de uma nova lei, em que prometi me aprofundar. A ocasião se me ofereceu, e pude observar mais atentamente do que tinha podido fazer. Em um dos serões da senhora Plainemaison, fiz conhecimento com a família Baudin, que se ofereceu para me permitir assistir às sessões que se efetuavam em sua casa, e às quais eu fui, desde esse momento, muito assíduo. Foi aí que fiz os meus primeiros estudos sérios sobre o espiritismo, menos ainda por efeito de revelações que por observação. Apliquei a essa nova ciência, como até então o tinha feito, o método da experimentação; nunca formulei teorias

preconcebidas, observava atentamente, comparava, deduzia as consequências; dos efeitos procurava remontar às causas pela dedução, pelo encadeamento lógico dos fatos, não admitindo como válida uma explicação, senão quando ela podia resolver todas as dificuldades da questão.

Assim, Rivail foi um dos primeiros pesquisadores a estudar em detalhes os fenômenos ditos sobrenaturais batizados de "mesas girantes". O resultado dessa pesquisa levou-o ao conhecimento de algo que jamais poderia supor, algo totalmente diferente do que sua visão de cientista esperava encontrar.

Em pouco tempo, ele notou como se dava a atuação dos espíritos e dos médiuns naquele fenômeno, e começou a desenvolver um trabalho metódico envolvendo a recepção de comunicações por diversos médiuns em diferentes locais. Assim, pôde testemunhar que o método de comunicação ia se aperfeiçoando, passando das batidas iniciais para uma bola suspensa por um fio, depois para uma cesta com um lápis na ponta, que se movia rudimentarmente entre letras e números espalhados pela mesa, até chegar aos métodos atuais com modalidades como psicografia, em que o médium reproduz a comunicação segurando e movendo um lápis sobre uma folha, ou psicofonia, em que o médium usa a fala para transmitir o que o espírito lhe intui.

Com isso, estava pavimentado o caminho para o surgimento do espiritismo.

CAPÍTULO 13

DANIEL DUNGLAS HOME

Allan Kardec, mesmo destacando sempre o caráter filosófico e religioso do espiritismo, não deixou de estudar os fenômenos de efeitos físicos, sempre buscando avaliar sua autenticidade. Sua justificativa para isso foi a de que os fenômenos de efeitos físicos são a força impulsionadora para que as pessoas busquem conhecer o espiritismo.

Um dos médiuns que despertaram especial atenção do Codificador foi o célebre Daniel Dunglas Home, que nasceu em 15 de março de 1833, na Escócia, e viveu até os 53 anos, vindo a falecer em Paris, em 21 de junho de 1886.

Dunglas Home, o poderoso médium de efeitos físicos, ficou mundialmente conhecido por, dentre outras coisas, levitar em locais abertos com a presença de grandes plateias, que assistiam ao fenômeno com um misto de espanto, surpresa e medo. Também conhecido pela alcunha de "médium voador", Home foi tema de três grandes artigos escritos por Allan Kardec para a *Revista Espírita* durante o ano de 1858, o que fez com que este, involuntariamente, se tornasse um de seus principais biógrafos.

Nascido em Edimburgo, sua faculdade mediúnica se revelou desde cedo. Com apenas seis meses, seu berço se balançava inteiramente sozinho e mudava de lugar. Na infância, sentado no tapete, conseguia involuntariamente mover todos os brinquedos até que estivessem ao seu alcance, e suas primeiras visões ocorreram quando tinha apenas três anos.

Aos nove anos, sua família se mudou para os Estados Unidos, e os fenômenos continuaram ocorrendo com ele de maneira cada vez mais intensa. Tornou-se célebre a partir dos anos 1850, um período em que a popularidade dos fenômenos físicos produzidos por médiuns se alastrava pela América do Norte, na esteira das irmãs Fox.

Em 1854, mudou-se para a Itália por orientação médica, em decorrência de sua necessidade de respirar um ar mais puro por conta da tuberculose, que o acompanhava há anos. Residiu depois em Londres e, por fim, em Paris, onde fez diversas apresentações para o grande público. Tornou-se alvo de intensas críticas na imprensa da época, que, por muitas vezes, tentou desmascará-lo, buscando a comprovação de que os fenômenos que produzia se tratavam de fraude.

Desde o início, Allan Kardec não concordou com a perseguição imposta ao médium e se colocou a destacar na *Revista Espírita* especialmente o fato de Dunglas Home nunca ter cobrado pelas apresentações, fazendo-as como missionário que buscava comprovar a vida depois da morte. Sem esconder sua admiração pelo médium, Kardec o descrevia como:

> "[...] descendente da antiga e nobre família dos Dunglas da Escócia, outrora soberana. É um jovem de talhe mediano, louro, cuja fisionomia melancólica nada tem de excêntrica; é de compleição

muito delicada, de costumes simples e suaves, de um caráter afável e benevolente sobre o qual o contato das grandezas não lançou nem arrogância, nem ostentação. Dotado de uma excessiva modéstia, jamais exibiu sua maravilhosa faculdade, jamais falou de si mesmo e, se na expansão da intimidade, conta coisas que lhe são pessoais, é com simplicidade, e jamais com a ênfase própria das pessoas com as quais a maledicência procura compará-lo. Vários fatos íntimos, que são do nosso conhecimento pessoal, provam nele nobres sentimentos e uma grande elevação de alma. Nós o constatamos com tanto maior prazer quanto se conhece a influência das disposições morais."

Segundo Kardec, a vinda de Dunglas Home para a França fora providencial, pois os franceses ainda duvidavam das manifestações físicas e tinham necessidade de presenciar grandes fenômenos, como os protagonizados por ele. Assim, o Codificador destacou que a presença do médium em Paris foi um poderoso evento para a propagação das ideias espíritas, reafirmando que, se não convenceu a todos, lançou sementes que frutificariam com o tempo. Além disso, o Codificador tratou sempre de defendê-lo contra artigos de opositores.

O senhor Home, vindo à França, não se dirigiu ao público; ele não ama nem procura a publicidade. Se tivesse vindo com objetivo de especulação, teria corrido o país solicitando a propaganda em sua ajuda, teria procurado todas as ocasiões de se promover, ao passo que as evita, e teria posto um preço às suas manifestações, ao passo que ele não pede nada a ninguém. Malgrado a sua reputação, o senhor Home não é, pois, o que se pode chamar um homem público, sua vida privada só pertence a ele. Do momento que nada pede, ninguém tem o direito de inquirir como vive, sem cometer uma indiscrição. É sustentado por pessoas poderosas? Isso não nos diz respeito; tudo o que podemos dizer é que, nessa sociedade de elite, conquistou simpatias reais e fez amigos devotados. Assim, não vemos no senhor Home senão uma coisa: um homem dotado de uma faculdade notável, e o estudo dessa faculdade é tudo o que nos interessa, e o que deve interessar a quem não esteja movido unicamente pelo sentimento da curiosidade.

Sob a influência de Home, médium de fenômenos físicos, produziam-se os mais estranhos ruídos, o ar se agitava, corpos sólidos se moviam, se erguiam, se transportavam de um lugar a outro, instrumentos de música produziam sons, seres do mundo extracorpóreo apareciam, falavam, escreviam e até abraçavam quem estivesse nas imediações. Ele mesmo foi visto inúmeras vezes, na presença de testemunhas oculares, elevado sem sustentação a vários metros de altura.

Home casou-se duas vezes. A primeira delas, em 1858, com Alexandria de Kroll, a filha de 17 anos de uma família nobre russa, com quem teve um filho. Após ficar viúvo (quatro anos depois do casamento, apenas), casou-se pela segunda vez, agora com Julie de Gloumeline, uma rica senhora russa.

Era constantemente envolvido por seus opositores em escândalos públicos – que, se não conseguiam provar que os fenômenos que produzia eram meras mistificações, tentavam a todo custo ridicularizá-lo. Por vezes, viu-se em situações difíceis, como quando foi condenado a devolver 60 mil libras que a senhora Lyon lhe havia concedido em 1866. A senhora Lyon, arrependida de tal ato, buscou na Justiça o ressarcimento, acusando-o de seduzi-la e de convencê-la a lhe dar o dinheiro, usando para isso seus poderes espirituais. Como na Justiça britânica o réu é o responsável por provar sua inocência – e não havia como produzir evidências que a provassem –, Home foi condenado e devolveu o dinheiro, não sem antes ver sua imagem aviltada pela imprensa graças ao episódio. Porém, seus amigos da alta sociedade permaneceram ao seu lado durante e após o julgamento. Um deles, a rainha Sofia, da Holanda; outro, Napoleão III, que também admirava Allan Kardec e já o tinha encontrado em diversas oportunidades.

CAPÍTULO 14

CHICO XAVIER

O maior responsável pelo crescimento do número de praticantes do espiritismo no Brasil foi o médium Francisco Cândido Xavier, que nasceu em 2 de abril de 1910 e, em seus 92 anos de vida, psicografou mais de 460 obras com mais de 30 milhões de exemplares vendidos em 45 países e traduções para o castelhano, o esperanto, o francês, o grego, o inglês, o japonês, o tcheco e transcrições para o braile, e milhares de mensagens expandindo os ensinamentos trazidos inicialmente nas obras de Allan Kardec. Além disso, Chico — considerado por muitos um homem santo, devido às obras de caridade que patrocinava com os direitos autorais da venda de seus livros e pelo jeito simples e o desapego dos bens materiais que praticava — ajudou a trazer uma visão positiva, humana e menos mística para o espiritismo.

Chico Xavier trouxe, durante sua existência, milhares de comunicações de espíritos já falecidos, com mensagens para seus parentes ainda vivos. Semanalmente centenas de pessoas procuravam o médium buscando receber comunicações de entes queridos falecidos. Algumas vezes essas comunicações eram possíveis; em outras oportunidades, não. Chico sempre fazia questão de dizer que "o telefone toca de lá para cá". Ou seja, os espíritos é que dizem quando desejam se comunicar conosco, e não o contrário.

Com uma vida atribulada e vindo de uma família muito pobre, Chico não teve a oportunidade de avançar nos estudos, não passando do curso primário. Isso certamente atesta a impossibilidade de ele ter escrito tantas mensagens – com informações das mais diferentes áreas do conhecimento humano – sem a ajuda de algo sobrenatural. É considerado o maior fenômeno mediúnico do século XX.

Em 1932, Chico publicou seu primeiro livro, intitulado *Parnaso de além-túmulo*, uma coletânea de 256 poemas assinada pelos espíritos de grandes nomes da literatura como João de Deus, Antero de Quental, Olavo Bilac, Castro Alves, Guerra Junqueira, Cruz e Souza e Augusto dos Anjos, entre outros. Nessa época, o jornalista Humberto de Campos fez a seguinte análise do livro no *Diário Carioca*, publicada na edição de 10 de julho de 1932, sem saber que, poucos anos depois, ele mesmo desencarnaria e, então, incluiria um texto próprio na introdução da segunda edição desse mesmo livro:

> Eu faltaria, entretanto, ao dever que me é imposto pela consciência, se não confessasse que, fazendo versos pelas penas do Sr. Francisco Cândido Xavier, os poetas de que ele é intérprete apresentam as mesmas características de inspiração e de expressão que os identificavam neste planeta. Os temas abordados são os que os preocuparam em vida. O gosto é o mesmo e o verso obedece, ordinariamente, à mesma pauta musical. Frouxo e ingênuo em Casimiro, largo e sonoro em Castro Alves, sarcástico e variado em Junqueira, fúnebre e grave em Antero, filosófico e profundo em Augusto dos Anjos – sente-se, ao ler cada um dos autores que

veio do outro mundo para cantar neste instante, a inclinação do sr. Francisco Cândido Xavier para escrever *a la maniére* de... ou para traduzir o que aqueles altos espíritos sopraram ao seu ouvido.

Desde a publicação de *Parnaso de além-túmulo*, Chico não parou mais de escrever, tendo como destaque em sua obra os romances históricos ditados pelo espírito Emmanuel, entre eles *Há 2000 anos*, *50 anos depois*, *Ave, Cristo!*, *Paulo e Estevão*, e os livros da série André Luiz, que trazem informações detalhadas sobre como seria a vida no "outro lado".

A série André Luiz teve início com a psicografia de *Nosso Lar*, redigido em 1943, e que rapidamente se tornou o grande best-seller de Chico Xavier, com mais de 2 milhões de exemplares vendidos. *Nosso Lar* é considerado um dos melhores livros espíritas de todos os tempos, trazendo detalhes da vida na colônia espiritual Nosso Lar e contando como André Luiz foi socorrido após passar nove anos vagando por uma região da crosta terrestre batizada de Umbral. Em 2010 levou mais de 4 milhões de pessoas aos cinemas para assistirem à sua adaptação cinematográfica, além de ter sido inspirador da novela *A viagem*, escrita por Ivani Ribeiro e apresentada originalmente pela extinta TV Tupi em 1975, tendo um *remake* em 1994, apresentado pela Rede Globo.

Os livros iniciais ditados por André Luiz trazem detalhes da vida no Além e dos espíritos, e passaram a ser conhecidos como a coleção A Vida no Mundo Espiritual, sendo esta composta de 13 obras:

1. *Nosso Lar*
2. *Os mensageiros*

3. *Missionários da luz*
4. *Obreiros da vida eterna*
5. *No mundo maior*
6. *Libertação*
7. *Entre a Terra e o Céu*
8. *Nos domínios da mediunidade*
9. *Ação e reação*
10. *Evolução em dois mundos*
11. *Mecanismos da mediunidade*
12. *Sexo e destino*
13. *E a vida continua...*

Além destes, André Luiz ditou a Chico livros como *Conduta espírita*, *Agenda cristã*, *Desobsessão*, entre outros. Já com o espírito Emmanuel, Chico fez um trabalho em que um se confundia com o outro, tal o grau de afinidade entre ele e seu guia espiritual. Em 1927, quatro anos antes de encontrar com Chico, Emmanuel já havia mantido contato com a médium Carmem Perácio em uma reunião espírita realizada na Fazenda Maquine, local em que Chico conheceu o espiritismo. Nesse contato, Emmanuel identificou-se a Carmem como amigo espiritual de Chico, relatando que esperava apenas o momento certo para iniciar a grande tarefa dos livros psicografados.

Conhecido como um espírito de alta luminosidade, Emmanuel teria feito parte da chamada Falange do Espírito da Verdade, grupo de espíritos que teria revelado a Kardec a doutrina espírita.

Seus livros dão um panorama do nascimento do cristianismo, em especial *Paulo e Estevão*, *Ave, Cristo!* e *Renúncia*, baseados em episódios históricos reais. Já trabalhos como *Caminho, verdade e vida, Pão nosso, Vinha de luz* e *Fonte viva* são considerados obras que possuem uma interpretação superior dos ensinamentos de Jesus. Outras obras de destaque desse famoso espírito são *A caminho da luz*, um relato da história da civilização de acordo com os ensinamentos do espiritismo, e *Emmanuel*, livro composto de dissertações sobre ciência, religião e filosofia.

Logo nos primeiros contatos, Chico questionou Emmanuel sobre sua identidade em vidas anteriores, mas o espírito só revelou seu passado nos livros *Há 2000 anos* e *50 anos depois*. Suas histórias terminaram por fascinar milhares de leitores e apresentaram-no como tendo encarnado diversas vezes na Terra na figura de personalidades bastante conhecidas, entre elas um senador romano chamado Públio Lêntulus Sura. Foi bisavô de Públio Lêntulus Cornélius, político romano, nascido no período terminal da República e contemporâneo de figuras históricas como Júlio César, Cícero e Catão. Nessa época, Públio sofreu com a suspeita de ter sido traído pela esposa, Lívia, a quem verdadeiramente idolatrava.

Públio morreu em 79 d.C., em Pompeia, vítima das lavas impiedosas do vulcão Vesúvio. Nessa época, já estava cego e totalmente voltado aos princípios do cristianismo. A etapa seguinte de suas encarnações se deu no ano 131 d.C. e foi descrita por ele no livro *50 anos depois*. Nessa obra, o senador renasce em Éfeso, e seu nome é Nestório. Trata-se de um homem muito culto que, na infância, teve a oportunidade de ouvir as pregações do apóstolo João. Porém, seu destino foi duro: tornou-se escravo quando atingiu a idade adulta e foi levado para servir em Roma. Nestório faleceu no Coliseu de Roma com outros adeptos do cristianismo que foram condenados à morte. Uma vez desencarnado, foi recebido por sua esposa da vida anterior, Lívia.

Sua mais recente encarnação se dá em 18 de outubro de 1517, em Portugal, porém seu nome entrou para a história brasileira como um dos mais importantes desse tempo: Manoel da Nóbrega, o padre missionário dedicado e batalhador, companheiro de José de Anchieta.

Essa revelação aconteceu numa sessão espírita realizada em 1949. Parte da mensagem que foi psicografada dizia:

> O trabalho de cristianização, irradiado sob novos aspectos do Brasil, não é novidade para nós. Eu havia abandonado o corpo físico em dolorosos compromissos no século XV, na Península, onde nos devotávamos ao "crê ou morre", quando compreendi a grandeza do país que nos acolhe agora. Tinha meu espírito entediado de mandar e querer sem o Cristo. As experiências do dinheiro e da autoridade me haviam deixado a alma em profunda exaustão. Quinze séculos haviam decorrido sem que eu pudesse imolar-me por amor do Cordeiro Divino, como o fizera, um dia, em Roma, a companheira do coração. Vi a floresta perder-se de vista e o patrimônio extenso entregue ao desperdício, exigindo o retorno à humanidade civilizada e entendendo as dificuldades do silvícola relegado à própria sorte. Nos azares e aventuras da terra dadivosa que parecia sem fim, aceitei a sotaina, de novo, e por Padre Nóbrega conheci de perto as angústias dos simples e as aflições dos degredados. Intentava o sacrifício pessoal para esquecer o fastígio mundano e o desencanto de mim mesmo, todavia, quis o Senhor que, desde então, o serviço americano e, muito particularmente, o serviço ao Brasil não me saísse do coração. A tarefa evangelizadora contínua.

No Brasil, foi o padre Manuel da Nóbrega quem escolheu o local onde seria a futura cidade de São Paulo, fundada em 25 de janeiro de 1554. Uma data que, para o padre, tinha um significado simbólico, uma vez que era o dia em que Paulo de Tarso havia se convertido ao cristianismo. No dia de seu aniversário, em 18 de outubro de 1570, quando completava 53 anos de vida, desencarnou pela última vez.

Muitos anos depois, esse espírito se colocaria ao lado de Chico Xavier para ajudá-lo a cumprir sua missão. Logo nos primeiros contatos, em 1931, Emmanuel lhe comunicou que realizariam a tarefa de, inicialmente, redigir trinta livros por meio da psicografia. Naquele momento, ele se surpreendeu e, de pronto, afirmou a Emmanuel que a publicação de trinta livros demandaria muito dinheiro, e a sua situação financeira era muito precária.

Emmanuel disse-lhe que a publicação dos livros seria feita por caminhos que Chico não poderia imaginar. A profecia se cumpriu. Ao enviar sua primeira obra, intitulada *Parnaso de além-túmulo*, para um dos diretores da Federação Espírita Brasileira, ele teve seu livro aprovado para publicação.

Em 1947, já havia concluído a série de trinta livros e questionou a Emmanuel se o trabalho já estava cumprido. O espírito respondeu que eles iniciariam uma nova série de trinta livros. Em 1958, ele finalizou a nova série e questionou novamente se a tarefa já estava cumprida. Emmanuel respondeu-lhe que os mentores espirituais haviam determinado que eles deveriam cumprir a missão de trazer cem livros por meio da psicografia de Chico.

Quando cumpriu a tarefa, achou que já havia finalizado e, ao questionar o mentor sobre isso, recebeu a seguinte resposta:

> Os mentores da Vida Superior expediram uma instrução que determina que a sua atual reencarnação será desapropriada, em benefício da divulgação dos princípios espírita-cristãos, permanecendo a sua existência, do ponto de vista físico, à disposição das entidades espirituais que possam colaborar na execução das mensagens e livros, enquanto o seu corpo se mostre apto para as nossas atividades.

Chico entendeu que psicografaria livros em prol da divulgação da mensagem espírita-cristã até o final de sua existência física. Conseguiu conciliar seu trabalho no campo da mediunidade com as atividades que desenvolveu como operário de uma fábrica de tecidos, servente de fiação, servente de cozinha, caixeiro de armazém e inspetor agrícola. Falando sobre seu trabalho mediúnico, Chico afirmou:

> Desde 1927 o meu convívio com as entidades espirituais foi contínuo. Quanto a recompensas, eu me sinto uma pessoa altamente recompensada, não do ponto de vista pecuniário, porque os livros pertencem às editoras e todos foram doados gratuitamente por meio de documentos legais assinados por nós. Mas há uma recompensa inestimável, que são amigos tão preciosos como eu os tenho. Eu devo a presença destes amigos na minha vida aos livros, às mensagens e a reuniões que tive.

Outro depoimento, dado por ele ao responder um questionamento sobre a psicografia do livro *Paulo e Estevão*, dá a exata dimensão de como ele era extremamente disciplinado para conciliar seu trabalho com a redação das psicografias:

Trabalhei por 37 anos em uma repartição do Ministério da Agricultura. Eu chegava em casa por volta das 17h15, tomava alguma coisa rápida, um chá, qualquer coisa, fechava a porta do quarto e trabalhava das 17h30 às 2h da madrugada. Foi assim que foi recebido o livro *Paulo e Estevão*. Eu tinha que receber, passar a limpo e depois eu datilografava. Isto durou muitos anos, mas quando me aposentei pensei que estava certo ao achar que era possível ser um médium e um profissional. É só disciplinar o tempo.

Apesar de seu dom mediúnico mais conhecido ser a psicografia, ele também exercitou constantemente outras formas de mediunidade, como psicofonia, vidência, audiência, entre outras. Também realizava muitos fenômenos de efeitos físicos. Certa vez, perfumou a água que os assistentes traziam; outra vez, o ar.

Contam algumas testemunhas que Chico, em certa ocasião, foi rezar ao lado da cama de uma mulher muito doente e sem esperanças de vida. Enquanto o médium rezava, pétalas de rosas começaram a cair do teto sobre a doente. A mulher veio a falecer sem sofrimento, durante aquela madrugada. Algum tempo depois desse acontecimento, Emmanuel intercedeu junto a ele a fim de recomendar que suspendesse os trabalhos de efeitos físicos e que se concentrasse na transmissão de mensagens espirituais.

REFERÊNCIAS BIBLIOGRÁFICAS

KARDEC, Allan. *O Evangelho segundo o Espiritismo*. São Paulo: Universo dos Livros, 2019.

_____. (ed.) *Revista Espírita*: jornal de estudos psicológicos. Brasília: FEB, 2004.

_____. *O livro dos espíritos*. 93. ed. Brasília: FEB, 2013.

_____. *O livro dos médiuns*. 71. ed. Rio de Janeiro: FEB, 2003.

_____. *A gênese*. 53. ed. Brasília: FEB, 2013.

_____. *O céu e o inferno*. 61. ed. Brasília: FEB, 2013.

_____. *Obras póstumas*. Brasília: FEB, 2015.

LUIZ, André (Espírito). *Nosso Lar*. [Psicografado por] Francisco Cândido Xavier. 63. ed. Brasília: FEB, 2012.

SOUZA, Luis Eduardo de. *Kardec*: o homem que desvendou os espíritos. São Paulo: Universo dos Livros, 2019.

_____. *Desvendando o Nosso Lar*. São Paulo: Universo dos Livros, 2010.

_____. *O homem que falava com espíritos*. São Paulo: Universo dos Livros, 2017.

_____. *365 dias com Chico Xavier*: as mais lindas frases para nos inspirar. São Paulo: Universo dos Livros, 2015.

_____. *Desvendando o espiritismo*. São Paulo: Universo dos Livros, 2014.

_____. *A fascinante história de Chico Xavier*. São Paulo: Universo dos Livros, 2011.